Paulus Vennebusch

FÜHRERSCHEIN

FÜR DEN RUHESTAND

arsEdition

HERZLICH WILLKOMMEN IM RUHESTAND

Erinnern Sie sich noch? So sah Ihr Leben bis vor Kurzem aus: Sie sind jeden Morgen aufgestanden und zur Arbeit gefahren. Sie haben im Berufsverkehr gestanden, Überstunden gemacht und – wenn Sie angestellt waren – mussten Sie außerdem noch Urlaub einreichen und Gehaltserhöhungen verhandeln. Ihre größte Lebensleistung bisher: Sie haben etliche Weihnachtsfeiern ohne bleibende Schäden überstanden! Das alles ist jetzt Vergangenheit. Sie sind im Ruhestand. Aber sind Sie wirklich bereit für den neuen Lebensabschnitt?

Jeder weiß: Wer angeln will, braucht einen Angelschein, ohne Führerschein darf sich niemand hinters Steuer setzen … und jetzt möchten Sie die Zeit nach dem Arbeitsleben ungeprüft antreten? Kommt gar nicht in Frage!

! *Zeigen Sie, dass Sie fit sind für ein Leben ohne Vorgesetzte und Verpflichtungen. Machen Sie den Führerschein für den Ruhestand!*

RUHESTAND AUS DEM STAND – GAR NICHT SO EINFACH

So sehr Sie sich auf den Ruhestand gefreut haben – die Umstellung auf ein Leben ohne berufliche Verpflichtungen fällt nicht immer leicht. Denn bisher war Ihr Dasein streng getaktet: Sie mussten früh aufstehen, hatten klar formulierte Aufgaben, und jeden Morgen haben Sie sich der Herausforderung gestellt, den vorletzten Kaffee aus der Pumpkanne zu erwischen, um nicht neuen kochen zu müssen.

Ab sofort sieht Ihr Leben anders aus: Sie stehen dann auf, wenn Sie möchten, Ihre wichtigste Aufgabe ist es, sich einen schönen Tag zu machen, und der Kaffee kommt nicht mehr morgens um acht aus der Pumpkanne in der Teeküche, sondern vormittags um elf aus der Siebträger-Maschine Ihres Stammcafés. Ja, das klingt hart, aber auch Sie werden sich früher oder später daran gewöhnen!

R.I.P. (RUHESTAND IST PRIMA)

Der Mensch ist ein Gewohnheitstier – da sind Sie keine Ausnahme. Vielleicht werden Sie sich anfangs noch einsam fühlen und jeden Tag Ihre ehemaligen Kolleginnen und Kollegen vermissen. Aber seien Sie gewiss: Das beruht auf Gegenseitigkeit. Jetzt, wo Sie weg sind, stellen alle fest, was sie an Ihnen hatten. Sie waren die gute Seele des Teams und fehlen nun an allen Ecken und Enden. Die Trauer ist groß: An Ihrem Garderobenhaken wird eine Gedenkplakette angebracht, und der Betrieb wird sogar umbenannt – er trägt jetzt Ihren Namen!

Na gut, das ist ein bisschen übertrieben. Vermutlich wird man Sie vermissen, aber: Die (Arbeits-) Welt dreht sich weiter. Auch ohne Sie. Vielleicht erleichtert Ihnen diese ernüchternde Erkenntnis den Abgang ins Privatleben.

! MERKE: *Ruheständler hinterlassen eine Lücke – nicht nur auf dem Firmenparkplatz.*

Endlich im Ruhestand. Was werden Sie am meisten vermissen?

- [ ] Die Arbeit.
- [ ] Das Geburtstagsständchen der Kollegen.
- [ ] Die Wochenenden.

Sie werden feierlich in den Ruhestand verabschiedet. Was sind die letzten Worte, die Sie an Ihren Chef richten?

- [ ] „Bis morgen!“
- [ ] „Wenn Sie mich brauchen, rufen Sie an!“
- [ ] „Ich werde Sie vermissen: auf dem Sofa, im Garten, im Kino, am Strand ...“

RUHESTAND IST KEINE KRANKHEIT

Angenommen, ein arbeitender Mensch will Ihnen einreden, Ruhestand sei ein unerwünschter Zustand, den man nur mit einem hochansteckenden Infekt vergleichen kann. Dann haben sie zwei Möglichkeiten: Entweder Sie ignorieren diesen Quatsch mit einem stillen Lächeln oder aber Sie husten Ihrem Gegenüber einfach kräftig ins Gesicht. Sie werden sehen: Nichts passiert. Sie haben frei, der andere nicht. Ruhestand ist also nicht ansteckend!

Sollten Sie die angehustete Person wider Erwarten dennoch mit „Ruhestand" infizieren, dann lassen Sie sich das Ganze schnell patentieren. Insolvenzgefährdete Firmen werden Ihnen viel Geld dafür bieten, einmal niesend durch den Betrieb zu laufen und so kostspieligen Massenentlassungen vorzubeugen.

! MERKE: *Auch ohne ärztliches Attest erkennt man Ruheständler sofort – zum Beispiel am entspannten Lächeln.*

MORBUS PENSIONATIS – DAS SIND DIE SYMPTOME

Auch wenn Ruhestand für die meisten Menschen ein wünschenswerter Zustand ist und sich somit eklatant von Sommergrippe, Magen-Darm-Infekt oder Migräne unterscheidet, gibt es klare Symptome, die anzeigen: Dieser Mensch hat akuten „Ruhestand“. Wenn Sie ganz sicher sein wollen, dass Sie „morbus pensionatis“ (deutsch: „Ruhestand-Syndrom“) haben, beachten Sie folgende Checkliste.

Woran Sie erkennen, dass Sie im Ruhestand sind:

- Sie pendeln nicht mehr zwischen Wohnung und Arbeitsplatz, sondern zwischen Sofa und Stammcafé!
- Sie können Ihren Schlafanzug von der Steuer absetzen – als Berufskleidung!
- Egal, an welchem Tag Sie das hier lesen: Morgen haben Sie frei!

Wie oft sehen Sie Ihren Arzt?

- [ ] Immer dann, wenn ich ein Attest brauche.
- [ ] Zweimal im Jahr –
  wenn die Betriebsärztin kommt.
- [ ] Jeden Dienstagabend – beim Sport.

Wofür brauchen Sie ein Attest?

- [ ] Zur Bescheinigung der Arbeitsunfähigkeit.

- [ ] Als Ausrede. Ich bin zwar nicht krank, aber morgen hat die Ex-Chefin Geburtstag, und ich habe vergessen, ein Geschenk zu besorgen.

- [ ] Ich brauche kein Attest. Der einzige gelbe Zettel, der mich interessiert, ist das Post-it, auf dem ich mir notiere, wann ich zum Essen verabredet bin.

FREIZEIT IST DIE NEUE TEILZEIT

Ob Sie es glauben oder nicht: Auch im Ruhestand hat der Tag 24 Stunden. Allerdings steht nun jede davon zu Ihrer freien Verfügung. Wo früher Freizeit ein rares Gut war, verfügen Sie in Ihrem neuen Lebensabschnitt über freie Zeit im Überfluss. Haben Sie schon eine Idee, was Sie alles unternehmen wollen? Oder graut es Ihnen davor, den langen Tag irgendwie hinter sich zu bringen?

Vielleicht hilft es Ihnen, den Tagesablauf ähnlich zu strukturieren wie bisher, nur mit anderen Schwerpunkten. Ein ganz normaler Arbeitstag sah bisher so aus:

8:00 – 12:30 Uhr: Arbeit
12:30 – 13:30 Uhr: Mittagspause
13:30 – 17:00 Uhr: Arbeit
Ab 17:00 Uhr: Feierabend

Nun heißt es:

8:00 – 17:00 Uhr: Mittagspause.
Danach: Feierabend!

IHR NEUER ACHT-STUNDEN-TAG

Keine Sorge: Auch im Rentnerdasein wird es Ihnen gelingen, Ihren Tag sinnvoll zu füllen. Denn die acht Stunden, die Sie bisher Ihrer Arbeit geopfert haben, sind schneller um, als Sie denken. Und wenn Sie einmal nur sieben Stunden etwas Schönes unternehmen, machen Sie am nächsten Tag halt eine Überstunde.

Hier drei Tipps für Ihren neuen Acht-Stunden-Tag:

- 2,47-mal den Film „Titanic“ gucken (Sie können auch vorspulen. Man weiß ja eh, wie er endet.)
- 6- bis 8-mal Rasen mähen (Alternative: Zwei Schafe kaufen, in den Garten stellen und 2,47-mal „Titanic“ gucken.)
- 1–2 Marathonläufe absolvieren (Wenn Sie mehr schaffen, sind Sie definitiv kein Fall für den Ruhestand, sondern für Olympia.)

! MERKE: *Auch im Ruhestand ist Zeit relativ – und zwar relativ üppig vorhanden.*

Sie haben zum ersten Mal an einem Wochentag acht Stunden zusätzliche Freizeit. Wie reagieren Sie?

- [ ] Mist! Bei einem durchschnittlichen Bruttostundenlohn von € 19,88 habe ich einen Verdienstausfall von exakt € 159,04!
- [ ] Ich gehe erst mal lecker essen – und wähle wie immer das vegetarische Menü in der Betriebskantine.
- [ ] Mit drei Stunden Grinsen, zwei Stunden Chillen und drei Stunden Weitergrinsen.

Mitten am Tag haben Sie plötzlich nichts mehr zu tun. Was unternehmen Sie gegen die aufkommende Langeweile?

- ☐ Ich frage meinen Vorgesetzten nach zusätzlichen Aufgaben.
- ☐ Ich sortiere die Aktenordner in meinem Büro nach Größe.
- ☐ Langeweile kenne ich nicht. Ich bin im Ruhestand! Ich habe HOBBYS!

WAS WAR NOCH MAL „MÜSSEN“?

Im Leben eines arbeitenden Menschen spielen berufliche Termine eine zentrale Rolle. Meetings, Kundengespräche, Deadlines, Liefertermine, Schichtpläne, Vorstellungsgespräche, Gehaltsverhandlungen oder Betriebsfeiern dominieren den Terminkalender. In einzelnen Fällen kann der Kalender einer berufstätigen Person sogar noch voller sein als ein Konzert von Helene Fischer.

Im Ruhestand sollten Sie hingegen stets darauf vorbereitet sein, dass der Termindruck von einem auf den andern Tag drastisch nachlässt. Das macht aber nichts. Sie müssen nur das Wort „müssen“ aus Ihrem Wortschatz streichen. Ab sofort dürfen Sie „dürfen.“ Und das den ganzen Tag!

! MERKE: *Sie haben endlich Zeit, all das zu tun, was Sie immer schon machen wollten. Aber lassen Sie es ruhig angehen – Ihr Tag hat 24 Stunden.*

WERDEN SIE ZUM FREIZEIT-PLANER

Auch wenn Sie nun keine beruflichen Verpflichtungen mehr haben, kann es sinnvoll sein, weiterhin einen Kalender zu führen. Denn auch in der Freizeit kann es immer wieder zu unangenehmen Engpässen kommen. Wenn die Fahrradtour mit dem Patenkind ausgerechnet zu dem Zeitpunkt geplant ist, an dem Sie eigentlich mit der besten Freundin beim Töpferkurs angemeldet sind, kommt es bisweilen zu terminlichen Überschneidungen.

Friseur, Kino, Schwimmbad, Flohmarkt oder Café – auch diese Termine wollen sorgfältig koordiniert werden. Falls der Kalender durch zu viel Freizeitaktivität jedoch wieder so voll werden sollte wie im Arbeitsleben, gilt es Ruhe zu bewahren und der Devise zu folgen: „Was ich heute nicht mache, mache ich halt morgen."

! **MERKE:** *Im Ruhestand darf man zwar alles tun, was man will, aber man muss nicht alles gleichzeitig erledigen.*

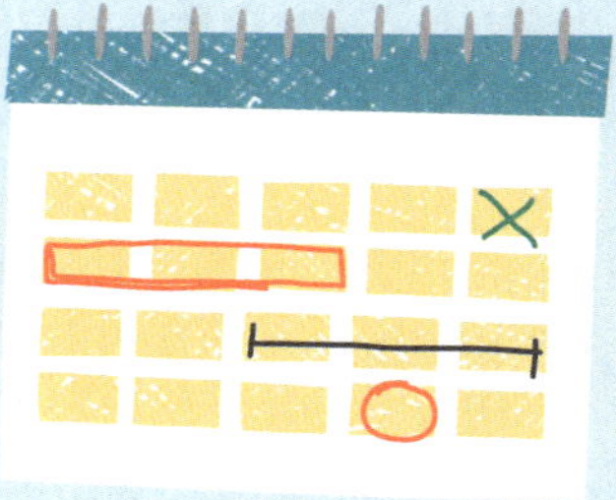

Sie haben für die kommende Woche viel vor. Was tun Sie, damit nicht schon der Montag zum Stresstag wird?

- [ ] Ich suche mir einen 80-Stunden-Job. Zu viel Freizeit ist nichts für mich.
- [ ] Ich verschiebe meine Aktivitäten in die Nacht – wie im Berufsleben.
- [ ] Ich starte die Woche mit nur drei Terminen: Friseur, Museum, Galeriebesuch. Alle drei haben montags zu. So bleibt Zeit für andere schöne Dinge.

Sie sind versehentlich gleichzeitig auf dem Golfplatz und zum Essen verabredet. Was tun Sie?

- [ ] Ich sage beides ab und setze mich an den Computer, um für meine zukünftigen Termine eine aufwändige Excel-Tabelle anzulegen.

- [ ] Ich hetze im Rekordtempo über den Golfplatz, um nassgeschwitzt gerade noch rechtzeitig im Restaurant zu erscheinen.

- [ ] Ich nehme meine Essensverabredung einfach mit aufs Green und bestelle Tortellini, Salat und Chianti. Lieferadresse: Loch 12.

WECKER ZU VERKAUFEN!

Geben Sie es ruhig zu: Ihr Wecker ist Ihnen jahrzehntelang auf denselben gegangen. Von Montag bis Freitag wurden Sie von dem gnadenlosen Getöse der unbeliebtesten Uhr aller Zeiten aus Ihren Träumen gerissen. Statt von Sonnenstrahlen oder Vogelgezwitscher (oder auch überhaupt nicht) geweckt zu werden, diktierte ein unbarmherziges Bimmeln oder Piepen Ihren Tagesbeginn.

Das gehört nun der Vergangenheit an. Ab jetzt bestimmen Sie, ob und wann Sie aufstehen möchten. Selbst die Schlummertaste brauchen Sie nicht mehr - denn Schlummern auf Knopfdruck ist nur etwas für die arbeitende Bevölkerung.

Ihren Wecker können Sie also getrost verkaufen, verschenken - oder einfach ignorieren.

! MERKE: *Wenn es morgens klingelt, ist das nicht mehr der Wecker, sondern die Joggingpartnerin oder der Paketbote.*

DER FRÜHE VOGEL KANN MICH MAL ...

Früher blieb die Arbeit liegen – heute bleiben Sie es ... wenn Sie denn wollen. Das entscheiden Sie allein. Ihre neu gewonnene Freiheit lässt alle Möglichkeiten offen: liegen bleiben, aufstehen oder auch (wenn Sie etwas für Ihre Fitness tun möchten) beides in schnellem Wechsel. In Fachkreisen heißt das „Sit-ups".

Natürlich müssen auch Ruheständlerinnen und Ruheständler mal aufstehen – und wenn es nur dafür ist, um dem Pizza-Lieferdienst die Tür zu öffnen. Falls Sie jetzt denken: „Moment mal ... den ganzen Tag im Bett verbringen und Pizza essen? Das erinnert mich doch an was ..." Richtig: Das haben Sie schon mal durchgemacht – damals, als Teenager. Doch im Ruhestand chillen Sie doppelt cool: ohne genervte Eltern, die an die Tür klopfen, ohne unentschuldigte Fehlstunden – und ohne Pickel.

! MERKE: Ruhestand = Pubertät ohne Pickel.

Ihr Wecker klingelt. Was tun Sie?

- ☐ Ich stehe sofort auf. Eine alte Gewohnheit. Ich musste mein Leben lang um sieben Uhr aufstehen, um pünktlich am Arbeitsplatz zu sein.

- ☐ Ich grinse schadenfroh bei der Vorstellung, dass meine Ex-Kollegen schon so früh raus müssen, mache den Wecker aus und schlafe weiter.

- ☐ Ich stehe gemütlich auf. Es ist schließlich 19 Uhr – und in meiner Lieblingsbar endet um 20 Uhr die Happy Hour!

Welches dieser Geräte befindet sich auf Ihrem Nachttisch?

- [ ] Der Wecker. Wenn er klingelt, ruft die Pflicht.

- [ ] Der Radiowecker. Wenn er loslegt, kann ich noch ein paar Stunden liegen bleiben und dabei meine Lieblingssendung hören.

- [ ] Das Smartphone. Ich schaue nach, wie das Wetter wird, und entscheide dann: Chille ich zu Hause oder an der frischen Luft?

I HAVE A DREAM ...

Nicht nur Martin Luther King hatte einen Traum - jeder Mensch träumt von Dingen, die er unbedingt mal tun oder erleben möchte. Doch viele dieser Wünsche bleiben unerfüllt. Das kann unterschiedliche Ursachen haben: Entweder es scheitert am Mut oder am Dienstplan oder am Geld oder an den Kindern oder am Chef oder am Wetter oder, oder, oder ... So sind wir Menschen, zumindest solange wir im Berufsleben stehen: Man findet immer einen Grund, seine Träume nicht zu leben. Man muss nur lang genug suchen.

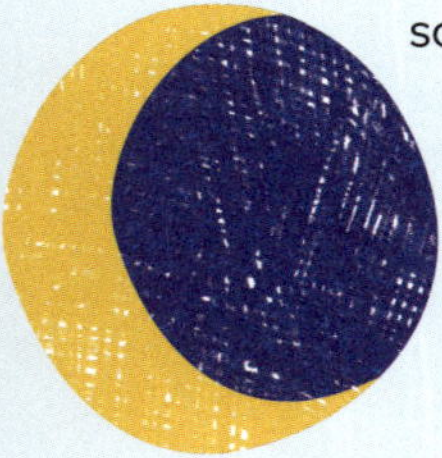

Egal, welche Ausreden Sie sich selbst bisher zurechtgelegt haben - eine zieht ab sofort nicht mehr: „Keine Zeit." Denn Zeit haben Sie nun ohne Ende. Also: Machen Sie Ihren Ruhestand zu einer traumhaften Zeit!

! MERKE: *Die Nacht ist da, um zu träumen – der Tag, um Träume zu erfüllen.*

RUHESTAND BEDEUTET NICHT STILLSTAND – ES GIBT NOCH VIEL ZU TUN!

Was haben Sie in Ihrem Berufsleben nicht alles gemacht:

Sie haben Termine gemacht.

Überstunden gemacht.

Steuerklärungen gemacht.

Fahrtkostenabrechnungen gemacht.

Kaffee gemacht.

Extrafahrten gemacht.

Kopien gemacht.

Feierabend gemacht.

Und obwohl Sie so fleißig waren, ist trotzdem etwas Wichtiges unerledigt geblieben: Ihre ganz persönlichen Träume. Und an deren Umsetzung machen Sie sich bitte JETZT!

! MERKE: *Umsetzen statt rumsitzen!*

Hobby, Reise, Abenteuer – welchen Traum erfüllen Sie sich zuerst?

- [ ] Keinen. Wann auch? Also träume ich weiter – aber nur in der Mittagspause, damit mich die Gedanken nicht von der Arbeit ablenken!

- [ ] Ich bin wunschlos glücklich: Mein Hobby ist mein Job, ich reise jeden Morgen durch den Berufsverkehr, und das größte Abenteuer ist die abendliche Parkplatzsuche in meiner Straße!

- [ ] ALLE!

Der Tag hat 24 Stunden. Wie viel Zeit davon wenden Sie für die Pflicht auf – und wie viel fürs Vergnügen?

- [ ] Ich verstehe die Frage nicht – was war noch mal „Zeit“?

- [ ] Ich verstehe die Frage nicht – was war noch mal „Vergnügen“?

- [ ] Ich verstehe die Frage nicht – was war noch mal „Pflicht“?

WIESN-ZEIT?

Was wollten Sie immer schon mal machen? Klavierspielen lernen? Seidenmalerei? Endlich die Fotos vom Spanien-Urlaub '86 ins Album kleben? Oder träumen Sie vom dem Freizeit-Klassiker, der viele Menschen im Ruhestand raus auf die Wiese zieht: einer Runde auf dem Golfplatz?

Auch wenn die Auswahl an neuen Betätigungsfeldern riesig ist, Golf zählt immer noch zu den besonders beliebten Sportarten - ein Hobby, das Bewegung, frische Luft und Geschick miteinander verbindet. Das tut Gartenarbeit zwar auch, aber der Vorteil beim Golf ist: Sie müssen nicht selbst den Rasen mähen. Und für die Löcher ist der Greenkeeper verantwortlich und nicht irgendein Maulwurf.

! **MERKE:** *Das Loch, in das man angeblich im Ruhestand fällt, ist mit einer Fahne markiert.*

IHR NEUER ~~ARBEITS-~~ GOLFPLATZ

Wir alle kennen das Klischee: Kaum im Ruhestand angekommen, schaffen sich die frischgebackenen Rentnerinnen oder Pensionäre einen kleinen Einkaufstrolley auf Rädern an, den sie dann den ganzen Tag hinter sich herziehen. Dieses Vorurteil stimmt - aber nur fast. Denn in vielen der rollenden Taschen werden keine Einkäufe transportiert, sondern Golfschläger. Und sie werden auch nicht über den Wochenmarkt gezogen, sondern über den Golfplatz.

Wenn Sie sich entscheiden, einen Teil Ihrer neu gewonnen Freizeit mit Golf zu verbringen, sollten Sie dafür neben den Grundkenntnissen des Regelwerks und der richtigen Abschlagtechnik auch das Vokabular beherrschen, das auf dem Green verwendet wird. Denn so vermeiden Sie peinliche Missverständnisse zwischen Ihnen und Ihren neuen Sportsfreunden.

! **MERKE:** *Keine Angst vor Veränderung – Golfplätze haben die gleiche Farbe wie Büropflanzen.*

Was ist ein Handicap?

- [ ] Die Berechtigung, den Behindertenparkplatz vorm Clubhaus zu nutzen.

- [ ] Eine Kopfbedeckung mit eingebautem Smartphone.

- [ ] Die Zahl der Schläge, die Sie mehr brauchen als auf einem Golfplatz vorgesehen ist.

Hurra! Sie benötigen an einem Loch zwei Schläge weniger als vorgegeben. Was haben Sie geschlagen?

- ☐ Einen Salto vor Freude – das haben selbst Ihre erfahrenen Club-Kollegen noch nicht geschafft.
- ☐ Ihren ehemaligen Chef, der einen Schlag mehr gebraucht hat als Sie.
- ☐ Einen sogenannten „Eagle".

ICH PACKE MEINEN KOFFER …

… aber bitte nicht mehr den Werkzeug- oder Aktenkoffer, sondern den Reisekoffer. Endlich haben Sie Zeit, zu Ihren Traumzielen zu reisen. Die Welt steht Ihnen offen. Sie allein entscheiden, wann es losgeht, wohin es Sie verschlägt und wie lange Sie bleiben.

Das ist einer der vielen Vorteile des Ruhestandes: Sie müssen sich nicht mehr nach den Plänen anderer richten – erst recht nicht nach Dienstplänen. Niemand erwartet Sie nach exakt 14 Tagen zurück am Arbeitsplatz, und Sie müssen keinen Urlaubsantrag stellen. Ein toller Nebeneffekt: Durch die neu gewonnene Flexibilität sparen Sie bares Geld. Denn erstens sind Flug und Hotel außerhalb der Ferienzeiten oft deutlich günstiger, und zweitens sparen Sie sich das Porto für die Ansichtskarten, die Sie früher immer an die Kolleginnen geschickt haben.

! **MERKE:** *Es ist angenehmer, im Meer zu stehen, als im Berufsverkehr.*

IMMER UNTERWEGS ...

Sicherlich waren Sie auch in der Vergangenheit viel „on the road" – allerdings häufig in überfüllten Straßenbahnen oder im Feierabendstau. Haben Sie mal ausgerechnet, wie viel Lebenszeit Sie damit verbracht haben, zur Arbeit zu kommen und wieder zurück? Nehmen wir als Beispiel 40 Jahre mit jeweils 230 Arbeitstagen und einen Dienstweg von nur 30 Minuten pro Tag:

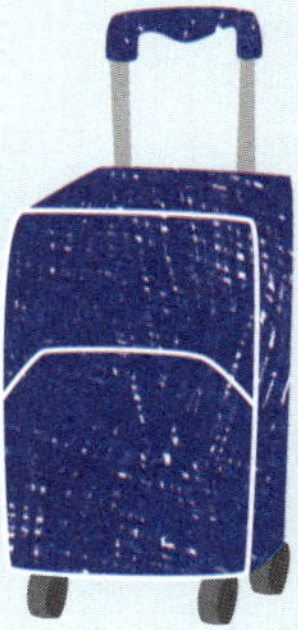

Das macht 4 600 Stunden!

191 Tage!

Mehr als ein halbes Jahr!

In der Zeit kommen Sie im Ruhestand einmal um die ganze Welt! Oder aber Sie reisen klimaneutral nach Teneriffa, indem Sie auf das Flugzeug verzichten und einfach hinschwimmen.

! MERKE: Tschüss, Pendler-Pauschale. Hallo, Pauschal-Reise!

Sie haben einen Reisegutschein gewonnen, den Sie schon am nächsten Tag einlösen müssen. Wohin geht es?

- [ ] Zur Arbeit – so spontan bekomme ich niemals frei.

- [ ] Nach Innsbruck. Denn da steht in drei Tagen sowieso ein Meeting an.

- [ ] Das verrate ich nicht – ich will die ehemaligen Kolleginnen und Kollegen nicht neidisch machen.

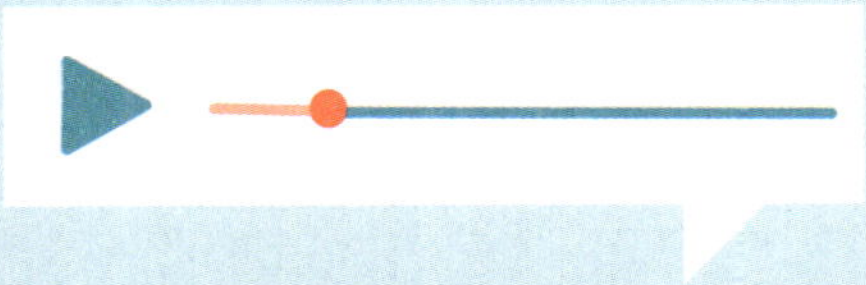

Aus Ihrem ersten Urlaub im Ruhestand schicken Sie Ihrem Ex-Chef eine Sprachnachricht. Wie lautet der Text?

☐ „Fahren Sie schon mal meinen Computer hoch – ich bin bald zurück!“

☐ „Ich möchte gern länger bleiben – wie viele Überstunden habe ich noch?“

☐ „Ätsch!“

DER WEG IST DAS ZIEL

Der Ruhestand ist die ideale Lebensphase, um Fernweh-Träume wahr werden zu lassen. Nicht nur in Bezug auf die Ziele, sondern auch die Art des Reisens. Während die arbeitende Bevölkerung mit ihrer begrenzten Zahl an Urlaubstagen auch auf Reisen immer die (Stech-)Uhr im Blick haben muss, können Sie es im Ruhestand gemütlicher angehen lassen: Es ist egal, wie lang Sie unterwegs sind. Hauptsache, Sie genießen jeden Moment. Sie haben ja keinen Zeitdruck. Die „Fast Lane" beim Check-in brauchen Sie jedenfalls nicht mehr - zudem die meist eh überfüllter ist als die normale.

Wie wollen Sie also unterwegs sein? Mit dem Orientexpress durch Europa? Zu Fuß nach Santiago de Compostela? Per Anhalter durch die schottischen Highlands? Sie entscheiden: Alles geht. Oder fährt. Oder rollt. Oder fliegt. Oder schwimmt. Oder wiehert ...

! MERKE: *Wer langsam reist, hat früher Urlaub – nämlich schon vor der Ankunft.*

IM RUHESTAND BRAUCHT'S WEDER „CHEF“ NOCH „SCHIFF“

Wer nicht mehr arbeiten muss, darf sich auch mal was Besonderes gönnen. Ein Klassiker war lange Zeit die gute, alte Kreuzfahrt. Doch in Zeiten des Klimawandels ist es ratsam, umweltfreundlichere Reisealternativen zu suchen. Zudem „Titanic“-Romantik eh nicht mehr zeitgemäß ist: Der Eisberg, mit dem das Schiff damals kollidierte, wäre heute längst geschmolzen.

Natürlich ist es eine nette Vorstellung, auf dem Oberdeck in den Sonnenuntergang zu blinzeln oder laut zu lachen, wenn dem Stuart wieder mal eine Möwe aufs Jackett kackt ... aber eine Partie Black Jack macht nicht nur im Bordcasino eines Ozeanriesen Spaß – das geht genauso gut im Großraumwagen eines ICE!

! MERKE: Die klimafreundliche Alternative zum Captain's Dinner: Das Schaffner's Dinner.

Sie reisen zum ersten Mal mit dem Orientexpress. Auf welche Ausstattung legen Sie besonderen Wert?

- [ ] Bürostuhl, Kopierer, Konferenztisch
- [ ] Gutes WLAN – für den Fall, dass mein ehemaliger Arbeitgeber nicht auf mich verzichten kann.
- [ ] Da ich endlich Zeit zum Lesen habe: eine Bord-Bibliothek mit meinen Lieblingskrimis (bis auf „Mord im Orientexpress“).

Greta Thunberg wäre stolz auf Sie: Sie machen klimafreundlich mit dem E-Bike Urlaub. Worauf müssen Sie bei der Akkuladung achten?

- [ ] Der Akku sollte so voll sein, dass ich im Notfall jederzeit schnell zurück am Arbeitsplatz sein kann.

- [ ] Er sollte so voll sein wie der Chef bei der letzten Weihnachtsfeier.

- [ ] Er sollte so voll sein, dass mich meine berufliche Vergangenheit unterwegs keinesfalls einholt.

BESUCH BEI DER EX – EINE GUTE IDEE?

Gemeint ist hier natürlich nicht eine ehemalige Liebesbeziehung, sondern Ihre Ex-Arbeitsstelle. Vielleicht packt Sie irgendwann die Sehnsucht, und Sie möchten noch einmal Ihre alte Wirkungsstätte besuchen, um dort nach dem Rechten zu sehen: Wer steht jetzt auf meinem Parkplatz? Wie geht es meinem alten Ficus Benjamini? Und wer trinkt mittlerweile aus meiner Kaffeetasse mit der Aufschrift „Möge dein Kaffee stark und dein Montag kurz sein"?

Gegen einen spontanen Besuch am alten Arbeitsplatz ist nichts einzuwenden. Zumindest wenn man in der Nähe wohnt. Schwierig wird es allerdings für Ruheständler, die zuletzt in der Weltraumstation ISS gearbeitet haben - in 400 Kilometern Höhe.

! MERKE: *Sie haben die Wahl, ob Sie* IM *oder* AM *Büro vorbeifahren.*

WENN AUS KOLLEGEN FREUNDE WERDEN ...

Eine Lebensarbeitszeit von 40 Jahren und einen Acht-Stunden-Tag vorausgesetzt, verbringen wir bis zum Renteneintritt im Durchschnitt 8,4 Jahre allein mit dem Job - netto! Das bedeutet auch: Viele Menschen haben mit ihrem Kollegenkreis mehr Zeit verbracht als mit der eigenen Familie (es sei denn, sie waren zeitlebens im Homeoffice, dann ist das Verhältnis genau fifty-fifty).

Auf diesem langen Weg können sich Freundschaften bilden, die über das Ende des Berufslebens hinausgehen. Vielleicht pflegen auch Sie eine solche Freundschaft. Jetzt, wo Sie sich nicht mehr täglich am Arbeitsplatz begegnen, sollten Sie sich aktiv darum bemühen, den Kontakt lebendig zu halten. Denn nur so erleben Sie auch weiterhin, was Sie ohne Ihre Kolleginnen und Kollegen niemals kennengelernt hätten - zum Beispiel Hilfsbereitschaft, Miteinander und Mobbing.

! MERKE: *Auch Kollegen sind Menschen – allerdings welche mit deutlich weniger Freizeit.*

Wozu sind Überstunden da?

- [ ] Um sich beim Chef einzuschleimen.
- [ ] Um die Aufgaben zu erledigen, die in der regulären Arbeitszeit nicht geschafft wurden.
- [ ] Um den Lieblingsfilm endlich mal im „Director's Cut" zu sehen.

Was ist das Schönste, das Ihre Chefin jemals zu Ihnen gesagt hat?

- [ ] „Sie haben den Job!"
- [ ] „Sie sind befördert!"
- [ ] „Alles Gute für den Ruhestand!"

HERZLICHEN GLÜCKWUNSCH: SIE HABEN BESTANDEN!

Alle Achtung: Obwohl Sie in Sachen Ruhestand noch absoluter Neuling sind, haben Sie alle Testfragen korrekt beantwortet. Sie haben sich mit sämtlichen Facetten des Daseins nach dem Arbeitsleben vertraut gemacht und gezeigt, dass Sie wissen, worauf es ankommt. Um es kurz zu machen: Die theoretische Prüfung haben Sie mit Bravour gemeistert, und das bedeutet: Sie sind ab sofort im Besitz eines gültigen Ruhestand-Führerscheins!

Nun können Sie endlich mit dem guten Gefühl loslegen, dass Sie bestens für die Praxis gewappnet sind. Mit dem neuen Führerschein in der Tasche kommen Sie garantiert unfallfrei durch den Ruhestand – egal, welche Route Sie wählen: Überholspur, Tempo-30-Zone, Schleichweg oder Rennstrecke.

Wir wünschen allzeit gute Fahrt!

FÜHRERSCHEIN

FÜR DEN

RUHE STAND

arsEdition

Führerschein für den Ruhestand

(FOTO)

Name: ____________________________________

____

Geburtstag und -ort: __________________________

____

Erlaubnisklassen: ALLE

Gültigkeit: unbefristet

Du möchtest noch mehr von uns kennenlernen?

Die in diesem Buch gewählten geschlechtlichen Formen beziehen sich immer zugleich auf weibliche, männliche und diverse Personen, denn natürlich sollen unsere Bücher allen Menschen Freude bringen. Wir haben bewusst zwischen der weiblichen, männlichen und einer offenen Schreibweise abgewechselt, um diese Herzensangelegenheit zu unterstreichen.

Impressum

Text: Paulus Vennebusch
Gestaltung Cover: das verlagsatelier ROMY POHL
Bildnachweis Cover: www.shutterstock.com: Liliana Danila, pingebat, Armankra19
Illustration und Gestaltung Innenteil: Stefanie Wawer
ISBN 978-3-8458-5304-8

www.arsedition.de

FSC
www.fsc.org
MIX
Papier aus verantwortungsvollen Quellen
FSC® C002795